AF603076

LA SOIRÉE AVEC M. TESTE

PAR

PAUL VALÉRY

BIBLIOTHÈQUE NATIONALE R.F. IMPRIMÉS

ÉDITIONS DE LA NOUVELLE REVUE FRANÇAISE
35 ET 37, RUE MADAME, PARIS. — 1919

LA SOIRÉE
AVEC
M. TESTE

Rés. m. Y² 781

DU MÊME AUTEUR

INTRODUCTION A LA MÉTHODE
DE LÉONARD DE VINCI

LA JEUNE PARQUE

ODES

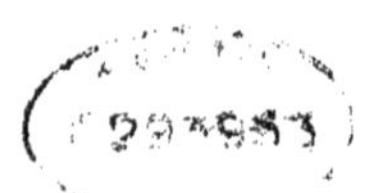

LA SOIRÉE AVEC M. TESTE

PAR

PAUL VALÉRY

ÉDITIONS DE LA NOUVELLE REVUE FRANÇAISE
35 ET 37, RUE MADAME, PARIS. — 1919

IL A ÉTÉ TIRÉ DE CET OUVRAGE DEUX EXEMPLAIRES SUR PAPIER MITSUI DU JAPON NUMÉROTÉS I ET II. TROIS EXEMPLAIRES SUR PAPIER TAPESTRY-STRATHMORE NUMÉROTÉS DE III A V. CINQ EXEMPLAIRES SUR PAPIER WHATMAN NUMÉROTÉS DE VI A X. DIX EXEMPLAIRES HORS COMMERCE NUMÉROTÉS DE XI A XX ET 530 EXEMPLAIRES SUR VERGÉ D'ARCHES NUMÉROTÉS DE 1 A 530

EXEMPLAIRE N° 266

TOUS DROITS DE REPRODUCTION ET DE TRADUCTION RÉSERVÉS POUR TOUS PAYS.
COPYRIGHT BY GASTON GALLIMARD. 1919.

VITA CARTESII RES EST SIMPLICISSIMA

M. de Raey à M. Van Limborch.

LA SOIRÉE AVEC M. TESTE A PARU POUR LA PREMIÈRE FOIS EN SEPTEMBRE 1896 DANS LE VOLUME II DU " *CENTAURE* " ELLE A ÉTÉ REPRODUITE DANS " *VERS ET PROSE* " QUELQUES ANNÉES PLUS TARD

« La bêtise n'est pas mon fort. J'ai vu beaucoup d'individus, j'ai visité quelques nations, j'ai pris ma part d'entreprises diverses sans les aimer, j'ai mangé presque tous les jours, j'ai touché à des femmes. Je revois maintenant quelques centaines de visages, deux ou trois grands spectacles, et peut-être la substance de vingt livres. Je n'ai pas retenu le meilleur ni le pire de ces choses : est resté ce qui l'a pu.

Cette arithmétique m'évite de m'étonner de vieillir. Je pourrais aussi faire le compte des moments victorieux de mon esprit, et les imaginer unis et soudés, composant une vie *heureuse*... Mais je crois m'être toujours bien jugé. Je me suis rarement perdu de vue; je me suis détesté, je me suis adoré, — puis nous avons vieilli ensemble.

Souvent, j'ai supposé que tout était fini pour moi, et je me terminais de toutes mes forces, dans le but d'éclairer quelque situation douloureuse. Cela m'a fait connaître que nous apprécions notre propre pensée beaucoup trop d'après l'*expression* de celle des autres ! Dès lors, les milliards de mots qui ont bourdonné à mes oreilles, m'ont rarement ébranlé par ce qu'on voulait leur faire dire ; et tous ceux que j'ai moi-même prononcés à autrui, je les ai sentis se distinguer toujours de ma pensée, — car ils devenaient *invariables*.

Si j'avais décidé comme la plupart des hommes, non seulement je me serais cru leur supérieur, mais je l'aurais paru. Je me suis préféré. Ce qu'ils nomment un être supérieur, est un être qui s'est trompé. Pour s'étonner de lui, il faut le voir, — et pour le voir il faut qu'il se montre. Et il me montre que la niaise manie de son nom le possède. Ainsi, chaque grand homme est taché d'une erreur. Chaque esprit qu'on trouve puissant, commence par la faute qui le fait connaître. En échange du pourboire public, il donne le temps qu'il faut pour se rendre perceptible, l'énergie dissipée à se transmettre et à préparer la satisfaction étrangère. Il va jusqu'à comparer les jeux informes de la gloire, à la joie de se sentir unique — grande volupté particulière.

J'ai rêvé alors que les têtes les plus fortes, les inventeurs les plus sagaces, les connaisseurs le plus exactement de la pensée devaient être des inconnus, des avares, des hommes qui meurent sans avouer. Leur existence m'était révélée par celle même des individus éclatants, un peu moins *solides*.

L'induction était si facile que j'en voyais la formation à chaque instant. Il suffisait d'imaginer les grands hommes ordinaires, purs de leur première erreur, ou de s'appuyer sur cette erreur même pour concevoir un degré de conscience plus élevé, un sentiment de la liberté d'esprit moins grossier. Une opération aussi simple me livrait des étendues curieuses, comme si j'étais descendu dans la mer. Perdus dans l'éclat des découvertes publiées, mais à côté des inventions méconnues que le commerce, la peur, l'ennui, la misère commettent chaque jour, je croyais distinguer des chefs-d'œuvre intérieurs. Je m'amusais à éteindre l'histoire connue sous les annales de l'anonymat.

C'étaient, invisibles dans leurs vies limpides, des solitaires qui savaient avant tout le monde. Ils me semblaient doubler, tripler, multiplier dans l'obscurité chaque personne célèbre, — eux, avec le dédain de livrer leurs chances et leurs résultats particuliers. Ils auraient refusé, à mon sentiment, de se considérer comme autre chose que des choses...

Ces idées me venaient pendant l'octobre de 93 dans les instants de loisir, où la pensée se joue seulement à exister.

Je commençais de n'y plus songer, quand je fis la connaissance de M. Teste. (Je pense maintenant aux traces qu'un homme laisse dans le petit espace où il se meut chaque jour.) Avant de me lier avec M. Teste, j'étais attiré par ses allures particulières. J'ai étudié ses yeux, ses vêtements, ses moindres paroles sourdes au garçon du café où je le voyais. Je me demandais s'il se sentait observé. Je détournais vivement mon regard du sien, pour surprendre le sien me suivre. Je prenais les journaux qu'il venait de lire, je recommençais mentalement les sobres gestes qui lui échappaient; je notais que personne ne faisait attention à lui.

Je n'avais plus rien de ce genre à apprendre, lorsque nous entrâmes en relation. Je ne l'ai jamais vu que la nuit. Une fois dans une sorte de b...; souvent au théâtre. On m'a dit qu'il vivait de médiocres opérations hebdomadaires à la Bourse. Il prenait ses repas dans un petit restaurant de la rue Vivienne. Là, il mangeait comme on se purge, avec le même entrain. Parfois, il s'accordait ailleurs un repas lent et fin.

M. Teste avait peut-être quarante ans. Sa parole était extraordinairement rapide, et sa voix sourde. Tout s'effaçait en lui, les yeux, les mains. Il avait pourtant les épaules militaires, et le pas d'une régularité qui étonnait. Quand il parlait, il ne levait jamais un bras ni un doigt : il avait *tué la marionnette*. Il ne souriait pas, ne disait ni bonjour ni bonsoir; il semblait ne pas entendre le « Comment allez-vous? »

Sa mémoire me donna beaucoup à penser. Les traits par lesquels j'en pouvais juger, me firent imaginer une gymnastique intellectuelle sans exemple. Ce n'était pas chez lui une faculté excessive, — c'était une faculté éduquée ou transformée. Voici ses propres paroles : « Il y a vingt ans que je n'ai plus de livres.
« J'ai brûlé mes papiers aussi. Je rature le vif... Je
« retiens ce que je veux. Mais le difficile n'est pas là.
« *Il est de retenir ce dont je voudrai demain!...* J'ai
« cherché un crible machinal. »

A force d'y penser, j'ai fini par croire que M. Teste était arrivé à découvrir des lois de l'esprit que nous ignorons. Sûrement, il avait dû consacrer des années à cette recherche : plus sûrement, des années encore et beaucoup d'autres années avaient été disposées pour mûrir ses inventions et pour en faire ses instincts. Trouver n'est rien. Le difficile est de s'ajouter ce qu'on trouve.

L'art délicat de la durée, le temps, sa distribution et son régime, — sa dépense à des choses bien choisies, pour les nourrir spécialement, — était une des grandes recherches de M. Teste. Il veillait à la répétition de certaines idées ; il les arrosait de nombre. Ceci lui servait à rendre finalement machinale l'application de ses études conscientes. Il cherchait même à résumer ce travail. Il disait souvent : « *Maturare!...* »

Certainement sa mémoire singulière devait presque uniquement lui retenir cette partie de nos impressions que notre imagination toute seule est impuissante à construire. Si nous imaginons un voyage en ballon, nous pouvons avec sagacité, avec puissance, *produire* beaucoup de sensations probables d'un aéronaute ; mais il restera toujours quelque chose d'individuel à l'ascension réelle, dont la différence avec notre rêverie exprime la valeur des méthodes d'un Edmond Teste.

Cet homme avait connu de bonne heure l'importance de ce qu'on pourrait nommer la *plasticité* humaine. Il en avait cherché les limites et le mécanisme. Combien il avait dû rêver à sa propre malléabilité !

J'entrevoyais des sentiments qui me faisaient frémir, une terrible obstination dans des expériences enivrantes. Il était l'être absorbé dans sa variation, celui qui devient son système, celui qui se livre entier à la discipline effrayante de l'esprit libre, et qui fait tuer ses joies par ses joies, la plus faible par la plus forte, — la plus douce, la temporelle, celle de l'instant et de l'heure commencée, par la fondamentale, — par l'espoir de la fondamentale.

Et je sentais qu'il était le maître de sa pensée; j'écris là cette absurdité. L'expression d'un sentiment est toujours absurde.

M. Teste n'avait pas d'opinions. Je crois qu'il se passionnait à son gré, et dans la limite d'un but défini. Qu'avait-il fait de sa personnalité ? Comment se voyait-il ?... Jamais il ne riait, jamais un air de malheur sur son visage. Il haïssait la mélancolie.

Il parlait, et on se sentait dans son idée, confondu avec les choses : on se sentait reculé, mêlé aux maisons, aux grandeurs de l'espace, au coloris remué de la rue, aux coins... Et les paroles le plus adroitement touchantes, — celles même qui font leur auteur plus près de nous qu'aucun autre homme, celles qui font croire que le mur éternel entre les esprits tombe, — pouvaient venir à lui... Il savait admirablement qu'elles auraient ému *tout autre.* Il parlait, et sans pouvoir préciser les motifs ni l'étendue de la proscription, on constatait qu'un grand nombre de mots étaient bannis de son discours. Ceux dont il se servait, étaient parfois si curieusement tenus par sa voix ou éclairés par sa phrase que leur poids était altéré, leur valeur nouvelle. Parfois, ils perdaient tout leur sens, ils paraissaient remplir uniquement une place vide dont le terme destinataire était douteux encore ou imprévu par la langue. Je l'ai entendu désigner un objet matériel par un groupe de mots abstraits et de noms propres.

A ce qu'il disait, il n'y avait rien à répondre. Il

tuait l'assentiment poli. On prolongeait les conversations par des bonds qui ne l'étonnaient pas.

Si cet homme avait changé l'objet de ses méditations fermées, s'il eût tourné contre le monde la puissance régulière de son esprit, rien ne lui eût résisté. Je regrette d'en parler comme on parle de ceux dont on fait les statues. Je sais bien qu'entre le « génie » et lui, il y a une quantité de faiblesse. Lui, si véritable ! si neuf ! si pur de toute duperie et de toutes merveilles, si dur ! Mon propre enthousiasme me le gâte...

Comment ne pas en ressentir pour celui qui ne disait jamais rien de *vague* ? pour celui qui déclarait avec calme : « Je n'apprécie en toute chose que la « *facilité* ou la *difficulté* de les connaître, de les « accomplir. Je mets un soin extrême à mesurer ces « degrés, et à ne pas m'attacher... Et que m'importe « ce que je sais fort bien ? »

Comment ne pas s'abandonner à un être dont l'esprit paraissait transformer pour soi seul tout ce qui est, et qui *opérait* tout ce qui lui était proposé. Je devinais cet esprit maniant et mêlant, faisant varier, mettant en communication, et dans l'étendue du champ de sa connaissance, pouvant couper et dévier, éclairer, glacer ceci, chauffer cela, noyer, exhausser, nommer ce qui manque de nom, oublier ce qu'il a voulu, endormir ou colorer ceci et cela...

Je simplifie grossièrement des propriétés impénétrables. Je n'ose pas dire tout ce que mon objet me dit. La logique m'arrête.

Mais, en moi-même, toutes les fois que se pose le problème de Teste, apparaissent de curieuses formations.

Il y a des jours où je le retrouve très nettement. Il se représente à mon souvenir, à côté de moi. Je respire la fumée de nos cigares, je l'entends, je me *méfie*. Parfois, la lecture d'un journal me fait me heurter à sa pensée, quand un événement maintenant la justifie. Et je tente encore quelqu'une de ces expériences illusoires qui me délectaient à l'époque de nos soirées. C'est-à-dire que je me le figure faisant ce que je ne lui ai pas vu faire. Que devient M. Teste souffrant? —

Amoureux, comment raisonne-t-il ? — Peut-il être triste ? — De quoi aurait-il peur ? — Qu'est-ce qui le ferait trembler ? — ... Je cherchais. Je maintenais entière l'image de l'homme rigoureux, je tâchais de la faire répondre à mes questions... Elle s'altérait.

Il aime, il souffre, il s'ennuie. Tout le monde s'imite. Mais, au soupir, au gémissement élémentaire, je veux qu'il mêle les règles et les figures de tout son esprit.

Ce soir, il y a précisément deux ans et trois mois que j'étais avec lui au théâtre, dans une loge prêtée. J'y ai songé tout aujourd'hui.

Je le revois debout avec la colonne d'or de l'Opéra, ensemble.

Il ne regardait que la salle. Il aspirait la grande bouffée brûlante, au bord du trou. Il était rouge.

Une immense fille de cuivre nous séparait d'un groupe murmurant au delà de l'éblouissement. Au fond de la vapeur, brillait un morceau nu de femme, doux comme un caillou. Beaucoup d'éventails indépendants vivaient sur le monde sombre et clair, écumant jusqu'aux feux du haut. Mon regard épelait mille petites figures, tombait sur une tête triste, courait sur des bras, sur les gens, et enfin se brûlait.

Chacun était à sa place, libre d'un petit mouvement. Je goûtais le système de classification, la simplicité presque théorique de l'assemblée, l'ordre social. J'avais la sensation délicieuse que tout ce qui respirait dans ce cube, allait suivre ses lois, flamber de rires par grands cercles, s'émouvoir par plaques, ressentir par *masses* des choses *intimes*, — *uniques*, — des remuements secrets, s'élever à l'inavouable! J'errais sur ces étages d'hommes, de ligne en ligne, par orbites, avec la fantaisie de joindre idéalement entre eux, tous ceux ayant la même maladie, ou la même théorie, ou le même vice... Une musique nous touchait tous, abondait, puis devenait toute petite.

Elle disparut. M. Teste murmurait : « On n'est « *beau*, on n'est extraordinaire que pour les autres! « *Ils* sont mangés par les autres! »

Le dernier mot sortit du silence que faisait l'orchestre. Teste respira.

Sa face enflammée où soufflaient la chaleur et la couleur, ses larges épaules, son être noir mordoré par les lumières, la forme de tout son bloc vêtu, étayé par la grosse colonne, me reprirent. Il ne perdait pas un atome de tout ce qui devenait sensible, à chaque instant dans cette grandeur rouge et or.

Je regardai ce crâne qui faisait connaissance avec les angles du chapiteau, cette main droite qui se rafraîchissait aux dorures, et, dans l'ombre de pourpre, les grands pieds. Des lointains de la salle, ses yeux vinrent vers moi ; sa bouche dit : « La discipline « n'est pas mauvaise... C'est un petit commence- « ment... »

Je ne savais répondre. Il dit, de sa voix basse et vite : « Qu'ils jouissent et obéissent ! »

Il fixa longuement un jeune homme placé en face de nous, puis une dame, puis tout un groupe dans les galeries supérieures, — qui débordait du balcon par cinq ou six visages brûlants, — et puis tout le monde, tout le théâtre, plein comme les cieux, ardent, fasciné par la scène que nous ne voyions pas. La stupidité de tous les autres nous révélait qu'il se passait n'importe quoi de sublime. Nous regardions se mourir le jour que faisaient toutes les figures dans la salle. Et quand il fut très bas, quand la lumière ne rayonna plus, il ne resta que la vaste phosphorescence de ces mille figures. J'éprouvais que ce crépuscule faisait tous ces êtres passifs. Leur attention et l'obscurité croissantes formaient un équilibre continu. J'étais moi-même attentif *forcément*, — à toute cette attention.

XV

M. Teste dit : « Le suprême *les* simplifie. Je parie « qu'ils pensent tous, de plus en plus, *vers* la même « chose. Ils seront égaux devant la crise ou limite « commune. Du reste, la loi n'est pas si simple... puis- « qu'elle me néglige, — et — je suis ici. »

Il ajouta : « L'éclairage les tient. »

Je dis en riant : « Vous aussi? »

Il répondit : « Vous, aussi. »

« — Quel dramaturge vous feriez! lui dis-je, vous « semblez surveiller quelque expérience créée aux « confins de toutes les sciences! Je voudrais voir un « théâtre inspiré de vos méditations... »

Il dit : « Personne ne médite. »

L'applaudissement et la lumière complète nous chassèrent. Nous circulâmes, nous descendîmes. Les passants semblaient en liberté. M. Teste se plaignit légèrement de la fraîcheur de la nuit. Il fit allusion à d'anciennes douleurs.

Nous marchions, et il lui échappait des phrases presque incohérentes. Malgré mes efforts, je ne suivais ses paroles qu'à grand'peine, me bornant enfin à les retenir. L'incohérence d'un discours dépend de celui qui l'écoute. L'esprit me paraît ainsi fait qu'il ne peut être incohérent pour lui-même. Aussi me suis-je gardé de classer Teste parmi les fous. D'ailleurs, j'apercevais vaguement le lien de ses idées, je n'y remarquais aucune contradiction ; — et puis, j'aurais redouté une solution trop simple.

Nous allions dans les rues adoucies par la nuit, nous tournions à des angles, dans le vide, trouvant d'instinct notre voie, — plus large, plus étroite, plus large ; son pas militaire se soumettait le mien...

— « Pourtant, répondis-je, comment se soustraire « à une musique si puissante ! Et pourquoi ? J'y trouve « une ivresse particulière, dois-je la dédaigner ? J'y « trouve l'illusion d'un travail immense, qui, tout à « coup me deviendrait possible... Elle me donne des « *sensations abstraites*, des figures délicieuses de tout « ce que j'aime, — du changement, du mouvement, « du mélange, du flux, de la transformation... Nierez-« vous qu'il y ait des choses anesthésiques ? Des

4

« arbres qui saoulent, des hommes qui donnent de la « force, des filles qui paralysent, des ciels qui coupent « la parole ? »

M. Teste reprit assez haut :

— « Eh ! monsieur ! que m'importe le « talent » de vos arbres, — et des autres !... Je suis chez MOI, je parle ma langue, je hais les choses extraordinaires. C'est le besoin des esprits faibles. Croyez-moi à la lettre : le génie est *facile*, la fortune est *facile*, la *divinité* est *facile*. Je veux dire simplement — que je sais comment cela se conçoit. C'est *facile*.

« Autrefois, — il y a bien vingt ans, — toute chose au-dessus de l'ordinaire accomplie par un autre homme, m'était une défaite personnelle. Dans le passé, je ne voyais qu'idées volées à moi ! Quelle bêtise !... Dire que notre propre image ne nous est pas indifférente ! Dans les combats imaginaires, nous la traitons *trop bien* ou *trop mal !...* »

Il toussa. Il se dit : « Que peut un homme ?... Que peut un homme !... » Il me dit : « Vous connaissez un homme sachant qu'il ne sait ce qu'il dit ! »

Nous étions à sa porte. Il me pria de venir fumer un cigare chez lui.

Au haut de la maison, nous entrâmes dans un très petit appartement « garni ». Je ne vis pas un livre. Rien n'indiquait le travail traditionnel devant une table, sous une lampe, au milieu de papiers et de plumes. Dans la chambre verdâtre qui sentait la menthe, il n'y avait autour de la bougie que le morne mobilier abstrait, — le lit, la pendule, l'armoire à glace, deux fauteuils — comme des êtres de raison. Sur la cheminée, quelques journaux, une douzaine de cartes de visite couvertes de chiffres, et un flacon pharmaceutique. Je n'ai jamais eu plus fortement l'impression du *quelconque*. C'était le logis quelconque, analogue au point quelconque des théorèmes, — et peut-être aussi utile. Mon hôte existait dans l'intérieur le plus général. Je songeai aux heures qu'il faisait dans ce fauteuil. J'eus peur de l'infinie tristesse possible dans ce lieu pur et banal. J'ai vécu dans de telles chambres, je n'ai jamais pu les croire définitives, sans horreur.

M. Teste parla de l'argent. Je ne sais pas reproduire son éloquence spéciale : elle me semblait moins précise que d'ordinaire. La fatigue, le silence qui se fortifiait avec l'heure, les cigares amers, l'abandon nocturne semblaient l'atteindre. J'entends sa voix baissée et ralentie qui faisait danser la flamme de l'unique bougie brûlant entre nous, à mesure qu'il citait de très grands nombres, avec lassitude. Huit cent dix millions soixante-quinze mille cinq cent cinquante... J'écoutais cette musique inouïe sans suivre le calcul. Il me communiquait le tremblement de la Bourse, et les longues suites de noms de nombres me prenaient comme une poésie. Il rapprochait les événements, les phénomènes industriels, le goût public et les passions, les chiffres encore, les uns des autres. Il disait : « L'or est comme l'esprit de la société. »

Tout à coup, il se tut. Il souffrit.

J'examinai de nouveau la chambre froide, la nullité

du meuble, pour ne pas le regarder. Il prit sa fiole et but. Je me levai pour partir.

— « Restez encore, dit-il, vous ne vous ennuyez pas. Je vais me mettre au lit. Dans peu d'instants, je dormirai. Vous prendrez la bougie pour descendre. »

Il se dévêtit tranquillement. Son corps sec se baigna dans les draps et fit le mort. Ensuite il se tourna, et s'enfonça davantage dans le lit trop court.

Il me dit en souriant : « Je fais la planche. Je flotte !... Je sens un roulis imperceptible dessous, — un mouvement immense ? Je dors une heure ou deux tout au plus, moi qui adore la navigation de la nuit. Souvent je ne distingue plus ma pensée devant le sommeil. Je ne sais pas si j'ai dormi. Autrefois, en m'assoupissant, je pensais à tous ceux qui m'avaient fait plaisir, figures, choses, minutes. Je les faisais venir pour que la pensée fût aussi douce que possible, facile comme le lit... Je suis vieux. Je puis vous montrer que je me sens vieux... Rappelez-vous ! — Quand on est enfant on se *découvre*, on découvre lentement l'espace de son corps, on exprime la particularité de son corps par une série d'efforts, je suppose? On se tord, et on se trouve ou on se retrouve, et on s'étonne! on touche son talon, on saisit son pied droit avec sa main gauche, on obtient le pied froid dans la paume chaude!... Maintenant, je me sais par cœur. Le cœur aussi. Bah! toute la terre est marquée, tous les pavillons couvrent tous les territoires... Reste mon lit. J'aime ce courant de sommeil et de linge : ce linge qui se tend et se plisse, ou se froisse, — qui descend sur moi comme du sable, quand je fais le mort, — qui se caille autour de moi dans le sommeil... C'est de la mécanique bien complexe. Dans le sens de la trame ou de la chaîne, une déformation très petite... Ah! »

Il souffrit.

« Mais qu'avez-vous? lui dis-je, je puis...

« J'ai, dit-il,... pas grand'chose. J'ai... un dixième de seconde qui se montre... Attendez... Il y a de ces instants où mon corps s'illumine... C'est très curieux. J'y vois tout à coup en moi... je distingue les profondeurs des couches de ma chair; et je sens des zones de douleur, des anneaux, des pôles, des aigrettes de douleur. Voyez-vous ces figures vives? cette géométrie de ma souffrance? Il y a de ces éclairs qui ressemblent tout à fait à des idées. Ils font comprendre, — d'ici, jusque-là... Et pourtant ils me laissent *incertain*. Incertain n'est pas le mot... Quand *cela* va venir, je trouve en moi quelque chose de confus ou de diffus. Il se fait dans mon être des endroits... brumeux, il y a des étendues qui font leur apparition. Alors, je prends dans ma mémoire une question, un problème quelconque... Je m'y enfonce. Je compte des grains de sable... et, tant que je les vois... — Ma douleur grossissante me force à l'observer. J'y pense! — je n'attends que mon cri,... et dès que je l'ai entendu — l'*objet*, le terrible *objet*, devenant plus petit, et encore plus petit, se dérobe à ma vue intérieure...

« Que peut un homme? Je combats tout, — hors la souffrance de mon corps, au delà d'une certaine grandeur. C'est là, pourtant, que je devrais commencer. Car, souffrir, c'est donner à quelque chose une attention suprême, et je suis un peu l'homme de l'attention... Sachez que j'avais prévu la maladie future.

J'avais songé avec précision à ce dont tout le monde est sûr. Je crois que cette vue sur une portion évidente de l'avenir, devrait faire partie de l'éducation. Oui, j'avais prévu ce qui commence maintenant. C'était, alors, une idée comme les autres. Ainsi, j'ai pu la suivre. »

Il devint calme.

Il se plia sur le côté, baissa les yeux ; et, au bout d'une minute, parlait de nouveau. Il commençait à se perdre. Sa voix n'était qu'un murmure dans l'oreiller. Sa main rougissante dormait déjà.

Il disait encore : « Je pense, et cela ne gêne rien. Je suis seul. Que la solitude est confortable ! Rien de doux ne me pèse... La même rêverie ici, que dans la cabine du navire, la même au café Lambert... Les bras d'une Berthe, s'ils prennent de l'importance, je suis volé, — comme par la douleur... Celui qui me parle, s'il ne prouve pas, — c'est un ennemi. J'aime mieux l'éclat du moindre fait qui se produit. Je suis étant, et me voyant; me voyant me voir, et ainsi de suite... Pensons de tout près. Bah! on s'endort sur n'importe quel sujet... Le sommeil continue n'importe quelle idée..... »

Il ronflait doucement. Un peu plus doucement, je pris la bougie, je sortis à pas de loup. »

1896

ACHEVÉ D'IMPRIMER LE QUINZE
JUIN MIL NEUF CENT DIX-NEUF
SUR LES PRESSES DE JULIEN
CRÉMIEU, 13 ET 15, RUE PIERRE
DUPONT, A SURESNES — SEINE

9.9.43

nrf

PRIX : DIX FRANCS. MAJORATION
TEMPORAIRE VINGT POUR CENT

www.ingramcontent.com/pod-product-compliance
Ingram Content Group UK Ltd.
Pitfield, Milton Keynes, MK11 3LW, UK
UKHW021957260726
13994UKWH00004B/1808